Christmas Activity Book

All Scriptures are taken from the Holy Bible, NEW INTERNATIONAL VERSION ®,
NIV® Copyright © 1973, 1978, 1984, 2011 by Biblica, Inc.®
Used by permission. All rights reserved worldwide.

© 2021 Warner Press, Inc.
Printed in USA   All rights reserved
305800213607

Christmas is a time of celebration.

Circle the words in the puzzle. They may be hidden forwards, backwards, up, down, or diagonally.

```
R W B I T E W V J M H N I L F E C
T J Y Y H R F Y J E S U S G L W A
D O Z Q X K G R V R Y K A M R N R
P B G H Q C G O X F X A Z S R G O
F S N Z A R A F C P T Y L Z Y T L
E T W R E A T H T B T E U G J J S
H M X L C O R D D I G L C E T U T
L A D C O E H T V N O Z N F R H U
T W Z M S D L I A A Y A O O E J H
E R Y F P A T E N J C R G K E W Q
K U A M A A S A B Y P F J G J A O
L U O D N M R V D R D Y Q V D B K
M G T W I E I N J U A G I F T S N
Z X J G R T A L J Q U T G U N O Q
H R F G M C I T Y I C J I B B S L
D C J O G O Y O K S I V P O I T I
H E O L V K E I N C C I M C N A G
K N P Z F Q F A L S F O Z L E R H
V Y Y F C H R I S T M A S T A G T
S X T A Y C X L O V E D L B T L S
```

CHRISTMAS	**JESUS**	**CELEBRATION**	**FAMILY**	**CAROLS**
NATIVITY	**TRADITIONS**	**CANDYCANE**	**LIGHTS**	**WREATH**
TREE	**ANGELS**	**STAR**	**GIFTS**	**LOVE**

We enjoy the sights and sounds of the season, spending time with friends and family, and exchanging gifts of love. But do you know why this special time began?

Look carefully at the pictures.
Find 20 differences in the picture below and circle them

Answer on page 45

An amazing event took place long ago. One night the world was changed forever when God sent His only Son to earth as a baby. What was His name?

Color in the spaces with dots.

We can read all about it in the Bible in the Book of Matthew, chapters 1—2, and in the Book of Luke, chapters 1—2. In what part of the Bible are these books found?

Use the code to read the answer. Find where the number and letter under each blank meet in the letter grid. Then write the letter on the line.

	A	B	C	D
1	H	M	O	N
2	C	W	L	S
3	A	R	E	K
4	J	T	P	Y

___ ___ ___   ___ ___ ___
4B   1A   3C   1D   3C   2B

___ ___ ___ ___ ___ ___ ___ ___ ___
4B   3C   2D   4B   3A   1B   3C   1D   4B

Answer on page 45

This is the story....

Color 7 hidden words in the puzzle. Then write them on the blanks in the Bible verse where they fit.

A	V	I	R	G	I	N
G	A	B	R	I	E	L
O	A	N	G	E	L	Y
D	M	A	N	R	B	E
J	O	S	E	P	H	M

"___ ___ ___ sent the ___ ___ ___ ___ ___

___ ___ ___ ___ ___ ___ ___...to a

___ ___ ___ ___ ___ ___ pledged to ___ ___

married to a ___ ___ ___ named

___ ___ ___ ___ ___ ___." Luke 1:26–27

Find the letters you did not use in the puzzle above. Unscramble them and write the name on the blanks.

The virgin's name was ___ ___ ___ ___.

6

Answer on page 45

She was shocked when she heard the angel's message. What was it?

Find the path from the angel to Mary. Then write the words you crossed over in order on the lines to read the Bible verse.

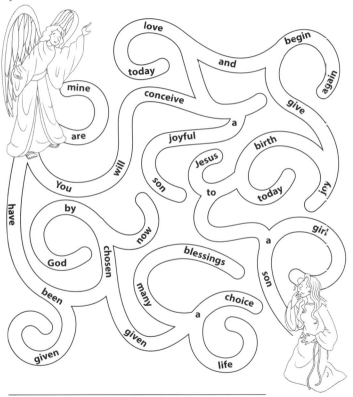

_____

_____ *Luke 1:31*

She was even more astonished to hear that the baby was God's Son. An angel told her soon-to-be husband, Joseph, to name the boy Jesus. Why?

Use the code to find out.

BECAUSE HE
WILL SAVE
HIS PEOPLE
FROM THEIR
SINS.
MATTHEW 1:21

God had planned the arrival of His Son down to the last detail. Everything that happened fulfilled His promise, given to His prophets in the past. The prophet Micah foretold the town the Savior would come from. What did he say?

Use the code to find out.

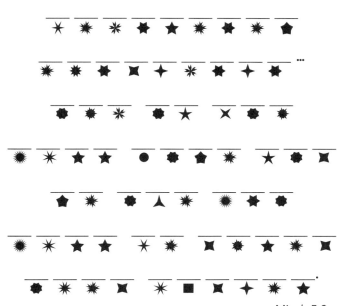

Micah 5:2

**The prophet Isaiah revealed the sign by which people would know the Savior had been born.
A virgin would give birth to a son (Isaiah 7:14).
What would His name be?**

Find the hidden letters. Then unscramble them
to read the name.

__ __ __ __ __ __ __

Isaiah said God would come to save His people. What would happen when the Savior came?

Write the words in the shapes that match.

Then will the ⬚ eyes ⬚ of the ⬚ blind ⬚ be ⬚ opened ⬚ and the ⬚ ears ⬚ of the ⬚ deaf ⬚ ⬚ unstopped ⬚. Then will the ⬚ lame ⬚ ⬚ leap ⬚ like a ⬚ deer ⬚, and the ⬚ mute ⬚ ⬚ tongue ⬚ ⬚ shout ⬚ for ⬚ joy ⬚. Isaiah 35:5–6

Answer on page 45

Write the underlined words in the grid
on the next page where they fit.

<u>Isaiah</u> spoke of the role the coming <u>Savior</u> would have on <u>earth</u>. "For to us a <u>child</u> is <u>born</u>, to us a <u>son</u> is given, and the <u>government</u> will be on his <u>shoulders</u>. And he will be called <u>Wonderful</u> <u>Counselor</u>, <u>Mighty</u> <u>God</u>, <u>Everlasting</u> <u>Father</u>, <u>Prince</u> of <u>Peace</u>. Of the <u>greatness</u> of his government and peace there will be <u>no end</u>."

Isaiah 9:6–7

Mary willingly answered God's call to fulfill His promise to the world through her. But life must have been difficult with her family and the townspeople speculating about her. She soon left home to visit her relative, Elizabeth.

Help Mary reach Elizabeth.

**Elizabeth was so glad to welcome Mary. She was filled with the Holy Spirit and spoke words that must have been such a comfort to the young mother-to-be.
What did Elizabeth say?**

Write the letter that comes **BEFORE** the letter under each line to find out.

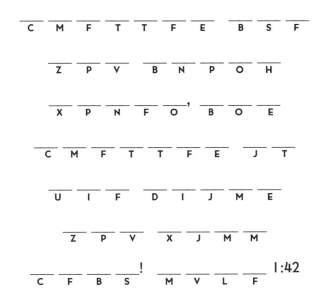

Answer on page 46

Circle the underlined words in the puzzle. They may be hidden forwards, backwards, up, down, or diagonally.

Mary returned home, but soon she was forced to take another trip. The Bible says: "In those days Caesar Augustus issued a decree that a census should be taken of the entire Roman world.... So Joseph also went up from the town of Nazareth in Galilee to Judea, to Bethlehem." Luke 2:1–4

```
F B M G J Y M V O Y X T A R S G D
U H I W U L L A Q T Y I U R Q N P
G R P B H V E M K Q H W G P C I W
X C C V L D I I H C G F U H R U A
O R G Q U E F B J C G Y S T F I O
X J K J F G W E Y C Y O T Z K B Q
J R C E U W E V M B M X U N X M T
H T H L B R D L A O N O S X Y T K
B Z D D C E Y L F E C A Y M R L Y
K L G E F W T I O J F D T V E Y J
Q N D G K V H H R O G O C T L B K
I P R O M A N Y L S Y H T Q W O H
F N J P X K H A F E D U E G X D T
W A U R C E A H E P H N R Y P E L
U Z C E R Y K U E H C E T M M W C
G A P E O F W S U G A H M O A W O
Y R A E T S P W T H A N H D I R U
H E D Z U G D X O J E L E H R O Y
V T I S U S D N J E O T I I T O W N
T H N I S S U E D I N M F L B E D
S E Y O M C W L U I Q S H W E O M
C G Y L J B K G E A R P N L P E D
C E L A N C A E S A R G I O B M O
P W O R L D M I W L M O K G E L N
```

Joseph and Mary made the trip—even though Mary would soon give birth, and the journey was long and difficult.

Help Joseph and Mary reach Bethlehem.

When they arrived in Bethlehem, there was no room in the inn, so Jesus was born in a stable. Where did Mary put her newborn baby?

Match the shapes below to the outlined boxes in the grid.
Write the letters to read the answer.

While shepherds were watching their sheep, a bright light suddenly appeared. The shepherds saw something they had never seen before. They were terrified! What did they see?

Connect the dots.

20

Answer on page 47

The angel spoke to the frightened shepherds. What did he say?

Use the angle code to write the correct letters on the blanks.
Then read the Bible verse.

p	i	l	c	j	y	a
o	n	t	b	f	h	w
e	u	r	d	g	s	

__ __ __ __ __ __ __

__ __ __ __ __ , __ __ __ __ __ __

__ __ __ __ __ __ __ __ __

__ __ __ __ __ __ __ __

__ __ __ __ __ __ __ __ __ __

__ __ __ __ __ __ __ __

__ __ __ __ __ __ __ __ . *Luke 2:10*

Answer on page 47

The shepherds were so surprised to hear the angel's message. What did the angel say?

Go down the first row on the grid. When you come to a shaded box, write that letter on the line below the puzzle. Continue to the end of the puzzle. Then break the letters into words to read the Bible verse.

	1	2	3	4	5	6	7	8	9	10	11	12	13	14
A	■	■				■								
B							■		■					
E					■		■	■						
H				■										
I			■											
N										■	■			
O													■	
R				■							■			
S	■					■								
T												■		
U														■
V		■												
Y													■	

Luke 2:11

Then the sky was filled with angels, praising God. What did they say?

Follow the maze to find the answer.
Fill in the blanks in order.

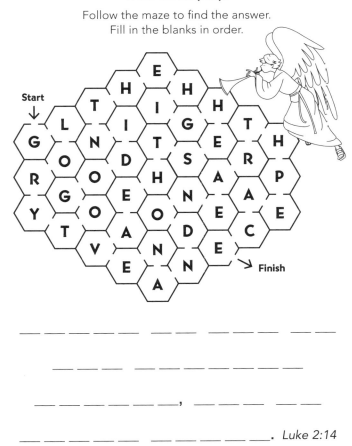

__ __ __ __ __

__ __ __ __

__ __ __ __ __ __ __ , __ __ __ __

__ __ __ __ __ __ __ __ __ __. *Luke 2:14*

Answer on page 47

The shepherds hurried to Bethlehem and found Jesus. Every word the angel had spoken was true.

Help the shepherds reach Bethlehem.

When Jesus was eight days old, where did His parents take Him?

Cross out words that name a color, vegetable, or animal. Then use the words you have left to fill in the blanks.

blue	asparagus	God	temple	green
potato	panda	Jesus	purple	orange
zebra	corn	black	elk	Joseph
brown	dedicate	armadillo	pink	elephant
beet	Jewish	cheetah	broccoli	red
Mary	carrot	onion	yellow	buffalo

Because ___ ___ ___ ___ and ___ ___ ___ ___ ___ ___

were ___ ___ ___ ___ ___ ___,

they took ___ ___ ___ ___ ___ to the

___ ___ ___ ___ ___ ___ to

___ ___ ___ ___ ___ ___ ___ ___ Him to ___ ___ ___.

Answer on page 47

25

An old man, Simeon, who honored and obeyed God was there. God had promised him that he would not die until he had seen the Messiah, Jesus. When Simeon saw the young couple and the newborn baby, he knew right away that this baby was God's Son.

Write the underlined words in the grid on the next page where they fit.

He praised God, saying, "Sovereign Lord, as you have promised, you may now dismiss your servant in peace. For my eyes have seen your salvation, which you have prepared in the sight of all nations."

Luke 2:29-31

When Jesus was born in Bethlehem, a cruel man was the ruler of Jerusalem. What was his name?

Follow the lines from the crowns to the blanks they touch. Then write the letters on the blanks to read the name.

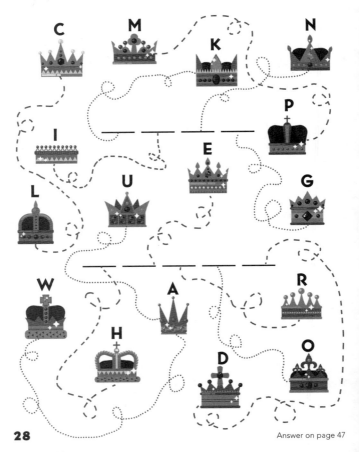

In a land far away in the east, Magi were studying the stars. One stood out from the rest. The Magi followed that star until they reached Jerusalem. They went to King Herod and asked him a question. What was it?

Use the code to find out.

WHERE IS

THE ONE

WHO HAS

BEEN BORN

KING OF

THE JEWS?

Matthew 2:2

The Magi said they had a special reason for coming such a long way to find the newborn king. What was it?

Solve the rebus puzzle to read the answer.

🐋 − HAL = _____

🤠 − T + 🔥 − ON = _____

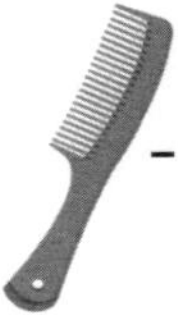

🪮 − B + 👂 − AR = _____

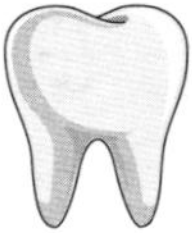

🦷 − OTH = _____

🪱 − M + ⛵ − = _____

👕 − SRT + 🐭 − OUSE = _____

Matthew 2:2

Herod was very **upset** about this possible **threat** to his **throne**. He **ordered** the **chief** **priests** and **teachers** of the **law** to come to a **meeting**. The **king** **questioned** them about the **Messiah**, and they **explained** to him what the **Scriptures** said.

Circle the underlined words in the puzzle. They may be hidden forwards, backwards, up, down, or diagonally.

**Then Herod met with the Magi again. He sent them to Bethlehem, saying, "Go and search for the child. When you find Him, report to me."
What did Herod say he would do next?**

Solve the rebus puzzle to read the answer.

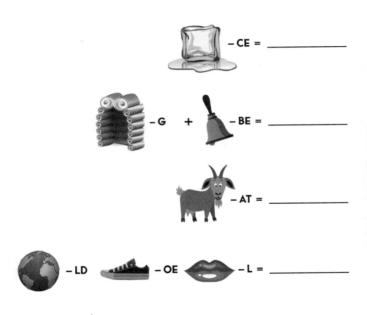

Matthew 2:8

The Magi followed the star until it stopped over the house where Jesus was. What does the Bible say?

Find the path from the Magi to Jesus. Then write the words you crossed over in order on the lines to read the Bible verse.

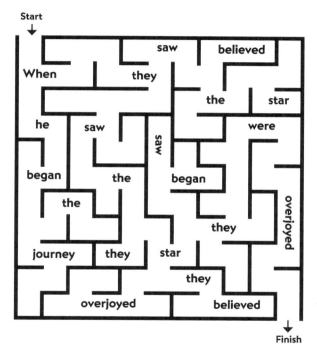

_____

_____

Matthew 2:10

When the Magi saw Jesus with Mary, they bowed down and worshiped Him. They presented Jesus with three special gifts. What were they?

Use the code to find out.

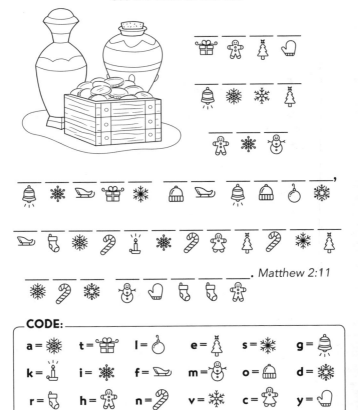

gold, frankincense, and myrrh. Matthew 2:11

CODE:

a = ❄ t = 🎁 l = ◯ e = 🎄 s = ✳ g = 🔔

k = 🕯 i = ❆ f = 🛷 m = ☃ o = 🎩 d = ❅

r = 🧦 h = 🍪 n = 🍬 v = ❊ c = 🍪 y = 🧤

The gift of God's Son—the birth of Jesus—is what we celebrate at Christmas. But Jesus has given us an even greater gift. What is it?

Cross out every Q and K. Write the letters you have left on the lines to read the answer.

__ __ __ __ __ __ __ __

__ __ __ __ __ __ __ __ __ .

Every human being has sinned. None of us is perfect. Our sin separates us from God because He is holy and perfect. We cannot save ourselves. We need a Savior. What does the Bible say?

Write each numbered word on the blank where it belongs. Then read the Bible verses.

1	all	2	and	3	of	4	fall	5	glory
6	God	7	have	8	is	9	death	10	short
11	sin	12	sinned	13	the	14	wages		

_____ _____ _____
  1   7   12

_____ _____ _____ _____
  2   4   10   3

_____ _____ _____ _____.
  13   5   3   6

Romans 3:23

_____ _____ _____ _____
  13   14   3   11

_____ _____. Romans 6:23
  8   9

Answer on page 48

God loves us so much—even while we are still sinners. He doesn't want even one person to be separated from Him. So He sent His only Son. When we believe in Jesus, what happens?

Add or subtract the math equations to complete the code.

14 -2	31 -2	8 -2	25 -2	37 -2	2 -2	28 -2
H=	O=	N=	V=	U=	B=	L=
	19 -2	2 +3	33 +3	11 +3	21 +3	
	F=	I=	S=	E=	W=	
	7 +3	15 +3	35 +3	22 +3	4 +3	
	M=	A=	R=	T=	P=	

$\overline{24}\ \overline{12}\ \overline{29}\ \overline{14}\ \overline{23}\ \overline{14}\ \overline{38}$

$\overline{0}\ \overline{14}\ \overline{26}\ \overline{5}\ \overline{14}\ \overline{23}\ \overline{14}\ \overline{36}\ \overline{5}\ \overline{6}\ \overline{12}\ \overline{5}\ \overline{10}$

$\overline{36}\ \overline{12}\ \overline{18}\ \overline{26}\ \overline{26}\ \overline{6}\ \overline{29}\ \overline{25}$

$\overline{7}\ \overline{14}\ \overline{38}\ \overline{5}\ \overline{36}\ \overline{12}\ \overline{0}\ \overline{35}\ \overline{25}\ \overline{12}\ \overline{18}\ \overline{23}\ \overline{14}$

$\overline{14}\ \overline{25}\ \overline{14}\ \overline{38}\ \overline{6}\ \overline{18}\ \overline{26}\ \overline{26}\ \overline{5}\ \overline{17}\ \overline{14}$. John 3:16

Answer on page 48

Jesus took our guilt, our shame, and our punishment. He died on the cross for our sins. He died in our place and presents salvation as a gift to us. The Bible says,

"*God demonstrates his own love for us in this: While we were still sinners, Christ died for us*" (Romans 5:8).

Write each word of the underlined Bible verse in the grid where it fits.

All you have to do to accept this gift is to...
Confess—Tell God you understand you have sinned and own up to the wrongs you have done.
What will God do for us?

Cross out words that name a color, vegetable, or animal.
Then use the words you have left to fill in the blanks.

blue	cauliflower	sins	forgive	orange
chipmunk	potato	purify	purple	green
monkey	cabbage	black	otter	aardvark
faithful	brown	pink	horse	unrighteousness
just	broccoli	tiger	yellow	beet
peas	green beans	red	badger	confess

If we __ __ __ __ __ __ __ our __ __ __ __,

he is __ __ __ __ __ __ __ __ and __ __ __ __

and will __ __ __ __ __ __ __ us our sins

and __ __ __ __ __ __ __ us from all

__ __ __ __ __ __ __ __ __ __ __ __ __ __ __.

1 John 1:9

Answer on page 48

39

Repent—Tell God you are sorry for what you have done. Express the willingness to leave your sinful life behind and begin a new life with Him.

What does the Bible say we should do?

Write the letter that comes **BEFORE** the letter under each line to find out.

__ __ __ __ __ __ __ ' __ __ __ __ ,
S F Q F O U   U I F O

__ __ __ __ __ __ __ __ __ __ __ ,
B O E U V S O U P H P E

__ __ __ __ __ __ __ __ __
T P U I B U Z P V S

__ __ __ __ __ __ __ __
T J O T N B Z C F

__ __ __ __ __ __ __ .
X J Q F E P V U

Acts 3:19

| A | B | C | D | E | F | G | H | I | J | K | L | M |
| N | O | P | Q | R | S | T | U | V | W | X | Y | Z |

Believe—Jesus died on the cross for your sins, and God has forgiven you.

Go down the first row on the grid. When you come to a shaded box, put that letter on the line below the puzzle.
Continue to the end of the puzzle.
Then break up the letters into words to read the Bible verse.

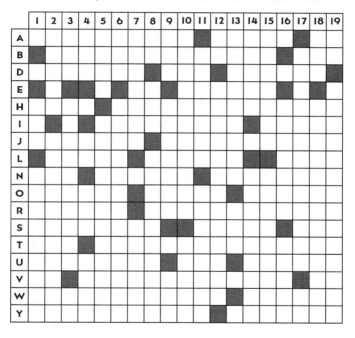

_____

_____

Acts 16:31

Answer on page 48

Would you like to receive this <u>gift</u> of <u>salvation</u> right now? All you need to do is <u>ask</u> <u>Jesus</u>, and He will <u>forgive</u> you of your <u>sins</u> and <u>enter</u> your <u>life</u>. The <u>Bible</u> says, "To all who did <u>receive</u> him, to those who <u>believed</u> in his <u>name</u>, he gave the <u>right</u> to become <u>children</u> of <u>God</u>" (John 1:12).

Circle the underlined words in the puzzle. They may be hidden forwards, backwards, up, down, or diagonally.

If you are reading this booklet by yourself, you can pray the following prayer:

Dear Lord,

Thank You for hearing me and making me aware of my need for a Savior. I know I have sinned and done wrong in Your sight. Forgive me of my sins and give me strength to turn away from them. I want to have a new life with You.

I now confess You are my Lord and Savior. Help me to make You the Master of my life. Guide me in Your ways, so I can learn and grow as Your devoted follower.

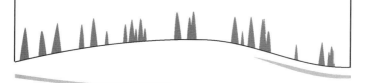

What should I do next?

Let your friends and family know of your decision.

Worship regularly with a local church.

Be baptized as a witness to others and an affirmation of your faith in God.

Attend a small group that teaches the basics of living as a Christian.

Share your experience of a new life in Christ with someone.

ANSWERS

PAGE 2

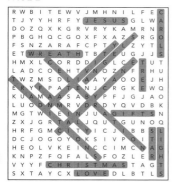

PAGE 3

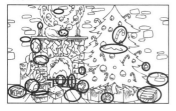

PAGE 4

PAGE 5

The New Testament

PAGE 6

God sent the **angel Gabriel** to a **virgin** pledged to **be** married to a **man** named **Joseph**.

MARY

PAGE 7

You will conceive and give birth to a son.

PAGE 8

Because he will save his people from their sins. Matthew

PAGE 9

Bethlehem Ephrathah...out of you will come for me one who will be ruler over Israel.

PAGE 10

Immanuel

PAGE 11

Then will the **eyes** of the **blind** be **opened** and the **ears** of the **deaf unstopped**. Then will the **lame leap** like a **deer**, and the **mute tongue shout** for **joy**.

ANSWERS

PAGE 13

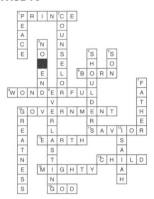

PAGE 14

PAGE 15

Blessed are you among women, and blessed is the child you will bear! Luke 1:42

PAGE 17

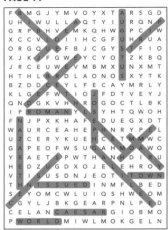

PAGE 18

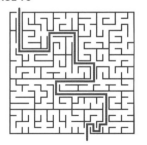

PAGE 19

She wrapped him in cloths and placed him in a manger. Luke 2:7

ANSWERS

PAGE 20

PAGE 21
Do not be afraid. I bring you good news that will cause great joy for all the people.

PAGE 22
A Savior has been born to you.

PAGE 23
Glory to God in the highest heaven, and on earth peace.

PAGE 24

PAGE 25
Because **Mary** and **Joseph** were **Jewish**, they took **Jesus** to the **temple** to **dedicate** Him to **God**.

PAGE 27

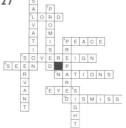

PAGE 28
King Herod

PAGE 29
Where is the one who has been born king of the Jews?

PAGE 30
We have come to worship him.

PAGE 31

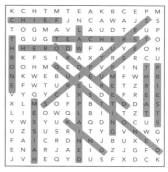

ANSWERS

PAGE 32

I will go worship him.

PAGE 33

When they saw the star they were overjoyed.

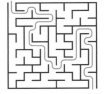

PAGE 34

They gave him gifts of gold, frankincense and myrrh.

PAGE 35

The gift of salvation.

PAGE 36

All have sinned and fall short of the glory of God. Romans 3:23

The wages of sin is death. Romans 6:23

PAGE 37

Whoever believes in him shall not perish but have eternal life.

PAGE 38

(crossword)

PAGE 39

If we **confess** our **sins**, he is **faithful** and **just** and will **forgive** us our sins and **purify** us from all **unrighteousness**.

PAGE 40

Repent, then, and turn to God, so that your sins may be wiped out.

PAGE 41

Believe in the Lord Jesus and you will be saved.

PAGE 42

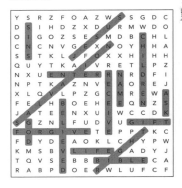

48